LISA NIESCHLAG ✦ LARS WENTRUP

Dresdens WEIHNACHTS-KÜCHE

Food-Fotografie
Lisa Nieschlag

Rezepte & Food-Styling
Andrea Gottfreund

Stadtfotografie
ddpix.de
André Nebel

Hölker Verlag

Süß & köstlich

Dresdner Eierschecke 10

Klassische Quarkkeulchen 12

Pfeffernüsse 14

Eierlikör 18

Dominosteine 20

Buttermilch-Plinsen mit Apfelkompott 22

Sächsische Ringtaler 26

Christstollen 28

Maronen-Vanille-Aufstrich 30

Ländlicher Apfelkuchen 34

Herzhaft & deftig

Sauerbraten nach Sachsen-Art 44

Falscher Hase 46

Winterliche Maronensuppe mit

Preiselbeeren 48

Kaninchenroulade mit Aprikosenfüllung

und Rosenkohl 52

Sächsisches Feuerfleisch 54

Eier in Senfsoße 58

Sächsischer Kartoffelsalat 60

Gefüllter Karpfen aus dem Ofen 62

Buttermilchgetzen mit Pflaumenkompott ... 66

Deftige Kartoffelsuppe 68

Das Marzipan-Wunder 36

Dank 70

Team 71

Impressum 72

Weihnachtsgrüße

DRESDNER STOLLENFEST

Dresdner Riesenstollen

aus
Dresden

Winterzauber an der Elbe

Wenn in besonders kalten Wintern Packeis über die Elbe treibt und funkelnde Weihnachtslichter die Altstadt von Dresden in ein goldenes Licht tauchen, ist sie endlich da, die schönste Zeit im Jahr. Festlich geschmückte Weihnachtsmarkthäuschen und ein Himmel aus Lichterketten und Herrnhuter Sternen verwandeln das alte Elbflorenz dann in ein zauberhaftes Winterwunderland.

Der Duft von Lebkuchen, Kräppelchen und Glühwein liegt in der Luft, gebrannte Mandeln werden geknuspert und auf der Eislaufbahn am Schloss drehen Kinder und Verliebte ihre Runden. Auf dem Striezelmarkt warten alle gespannt auf den Anschnitt des wohl größten Christstollens der Welt und die riesige Weihnachtspyramide an der Frauenkirche lässt die Herzen höherschlagen.

Mit Köstlichkeiten aus Dresdens Winterküche lädt dieses Buch zum Schlemmen und Genießen ein. Ob sächsisches Feuerfleisch, Pfeffernüsse oder selbst gemachter Eierlikör: Genießen Sie mit uns gemeinsam die wunderbare Weihnachtszeit in Dresden!

Dresdner Eierschecke

Im 14. Jahrhundert war die „Schecke" ein dreiteiliger Leibrock für Männer. In Anlehnung daran wurde dieser Kuchen benannt, der ebenfalls aus drei Schichten besteht: Hefeboden, süße Quarkcreme und cremige Eiermasse.

Für 12 Stücke

Für den Hefeteig

100 ml Milch
25 g Butter plus etwas
für die Form
15 g frische Hefe
30 g brauner Zucker
200 g Mehl (Type 405) plus
etwas zum Verarbeiten
1 Ei (Gr. M)
2 Prisen Salz

Für die Füllung

1 Pck. Vanillepudding-
pulver
500 ml Milch
80 g brauner Zucker plus
2 EL
500 g Quark (40 % Fett)
2 Eier (Gr. M)
Abrieb von 1 Bio-Zitrone

Für die Scheckenmasse

3 Eier (Gr. M)
100 g brauner Zucker plus
etwas zum Bestreuen
1–2 EL Speisestärke

Für den Hefeteig Milch mit Butter lauwarm erhitzen und die Hefe darin auflösen. 1 TL Zucker zufügen. Restlichen Zucker mit gesiebtem Mehl, Ei und Salz zufügen und verkneten. Wenn der Teig zu feucht ist, etwas Mehl zufügen. Abgedeckt 1 Std. an einem warmen Ort gehen lassen.

Für die Füllung Puddingpulver mit Milch und 2 EL Zucker nach Packungsanleitung zubereiten, mit Frischhaltefolie abdecken und kalt stellen. Wenn der Pudding abgekühlt ist, Quark, Eier, Zitronenabrieb und restlichen Zucker verrühren. Die Hälfte des Puddings unterheben.

Eine Springform (⌀ 26 cm) fetten und mit Mehl ausstäuben. Den Hefeteig durchkneten, ausrollen, in die Form legen und den Rand andrücken. Mit einer Gabel einige Male den Boden einstechen. Den Backofen auf 180 °C vorheizen.

Für die Scheckenmasse die Eier trennen. Eiweiße mit 1 Prise Salz steif schlagen. Eigelbe mit Zucker ca. 5 Min. weißlich schaumig schlagen. Den restlichen Vanillepudding mit Speisestärke glatt rühren und im Wechsel mit der Eigelbmasse vorsichtig unter den Eischnee heben.

Die Quarkmasse auf dem Boden verteilen, die Scheckenmasse darübergeben und glatt streichen. 30 Min. backen, die Temperatur auf 160 °C reduzieren und weitere 30 Min. backen. Sollte die Masse in der Mitte noch flüssig sein, die Schecke mit Alufolie abdecken und die Backzeit verlängern. Backofen ausschalten und den Kuchen 60 Min. im warmen Ofen ruhen lassen. Herausnehmen und auskühlen lassen. Vor dem Servieren mit braunem Zucker bestreuen.

Tipp

Anstatt Hefeteig können Sie auch Mürbeteig verwenden. Außerdem können Sie Rosinen oder Cranberrys in die Quarkmasse geben.

Klassische Quarkkeulchen

Warm als Nachtisch oder kalt serviert zum Nachmittagskaffee sind Quarkkeulchen ein Gedicht.
Der Name der in der Pfanne gebratenen Klößchen stammt von dem mitteldeutschen Wort Kaule für „Kugel".

Den Quark in einem Sieb mit Mulltuch gut abtropfen lassen, am besten über Nacht. Die Kartoffeln in Salzwasser weich kochen, abgießen und ausdampfen lassen. Rosinen mit heißem Wasser überbrühen und 10 Min. quellen lassen.

Die Kartoffeln pellen und durch die Kartoffelpresse drücken. Das Mehl sieben, mit Backpulver mischen und mit dem abgetropften Quark, Zucker, Eiern, Eigelb, Zitronenabrieb, Rosinen (ohne Wasser) und Salz verrühren. Die gepressten Kartoffeln unterziehen. Sollte der Teig zu weich sein, noch etwas Mehl unterheben.

Mit bemehlten Händen die Keulchenmasse zu 16 Kugeln formen und diese mit der Hand flach drücken. Öl oder Butterschmalz in einer Pfanne erhitzen und die Quarkkeulchen auf beiden Seiten goldgelb braten. Zum Servieren mit Zimtzucker bestreuen. Dazu passt Apfelkompott (siehe S. 22), Pflaumenkompott (siehe S. 66) oder eine Fruchtsoße.

Tipp

Lecker schmecken die Quarkkeulchen auch mit Rumrosinen. Dazu die Rosinen nicht mit Wasser überbrühen, sondern für einige Stunden in Rum einlegen.

Für 16 Stück

500 g Quark (Magerstufe)
1 kg Kartoffeln (mehlig-kochend)
100 g Rosinen
150 g Mehl (Type 405) plus etwas zum Verarbeiten
½ Pck. Backpulver
100 g Zucker
2 Eier (Gr. M)
1 Eigelb
½ TL Bio-Zitronenabrieb
3 Prisen Salz
Sonnenblumenöl oder Butterschmalz zum Ausbacken
Zimtzucker zum Bestreuen

Pfeffernüsse

Pfeffer ist in dem würzig schmeckenden Weihnachtsgebäck nicht enthalten. Die Bezeichnung Pfeffernuss reicht in frühere Zeiten zurück, als exotische Gewürze ganz allgemein als Pfeffer bezeichnet wurden.

Für 60 Stück

Für den Teig

450 g Honig
100 g Zucker
350 g Mehl (Type 405) plus
etwas zum Verarbeiten
150 g Roggenmehl
(Type 1150)
1 TL Zimt
½ TL frisch geriebene
Muskatnuss
¼ TL gemahlene
Gewürznelken
1 TL gemahlener Ingwer
Abrieb von ½ Bio-Zitrone
10 g Pottasche
2 EL kaltes Wasser

Für die Glasur

150 g Puderzucker
1 Pck. Vanillezucker
2 EL heißes Wasser
1 Eiweiß

Für den Teig den Honig in einem Topf erwärmen, sodass er flüssig wird. Zucker, Mehle, Gewürze und Zitronenabrieb in einer Schüssel vermengen. Den warmen Honig zugeben und alles gut verrühren. Die Pottasche mit Wasser glatt rühren und zufügen. Den Teig gut kneten.

Den Backofen auf 170 °C vorheizen.

Den Teig vierteln, jedes Teigviertel zu einer 60 cm langen Rolle formen und jeweils 4 cm lange Stücke abstechen. Die Stücke zu Kugeln formen und mit ausreichend Abstand auf ein mit Backpapier ausgelegtes Backblech setzen. Die Pfeffernüsse 12 Min. backen. Auskühlen lassen.

Für die Glasur die Zutaten mit einem Handrührgerät 10 Min. auf höchster Stufe schaumig schlagen. Die Glasur in eine große Schüssel umfüllen. Die Pfeffernüsse in die Glasur tauchen und zum Trocknen auf einen Gitterrost setzen. Den Vorgang je nach gewünschter Stärke der Glasur wiederholen.

Tipp

Sie können die Pfeffernüsse statt mit Zuckerglasur mit Vollmilch- oder Zartbitterkuvertüre überziehen. Luftdicht verpackt halten sich die Pfeffernüsse bis zu 3 Monate.

Eierlikör

Eierlikör lässt sich in der Weihnachtszeit pur oder in Heißgetränken wie Eierpunsch vorzüglich genießen. Hübsch verpackt eignet er sich auch als Mitbringsel zu Weihnachten.

Eigelbe, Puderzucker, Kondensmilch, Vanillezucker und Wodka gut verrühren und mindestens 8 Min. über dem heißen Wasserbad mit dem Schneebesen schaumig schlagen, bis die Masse andickt. Dabei immer auch am Rand rühren, damit sich das Ei dort nicht absetzt und verbrennt oder stockt.

Den Eierlikör vom Wasserbad nehmen und unter Rühren abkühlen lassen. Sollte die Konsistenz zu fest sein, etwas Sahne oder Milch unterrühren. Den Eierlikör sofort in sterile Flaschen abfüllen und kalt stellen. Im Kühlschrank gelagert ist der Eierlikör 3 Wochen haltbar. Die Eierlikörflasche vor dem Öffnen stets kräftig schütteln.

Tipp

Sie können anstelle von Wodka auch Korn, Rum oder Licor 43 verwenden. Ein noch weihnachtlicheres Aroma bekommt der Eierlikör, wenn Sie gemahlenen Zimt oder Anis zufügen.

Für 1 Liter

8 Eigelb
250 g Puderzucker
400 ml gezuckerte
Kondensmilch
1 Pck. Vanillezucker
300 ml Wodka
50–100 ml Sahne oder
Milch (optional)

Dominosteine

Dominosteine wurden 1938 in Dresden erfunden als eine Art Praline, die für jedermann erschwinglich sein sollte. Die fruchtig-schokoladige Adventsnascherei ist bis heute ein Highlight auf jedem Weihnachtsteller.

Für 64 Stück

Für das Gelee
5 Blatt Gelatine
450 g Aprikosenkonfitüre
5 EL Wasser

Für den Teig
10 g Pottasche
30 g Zucker
150 g Honig
150 g Mehl (Type 405) plus
etwas zum Verarbeiten
40 g gemahlene Mandeln
1 TL Lebkuchengewürz
50 g weiche Butter
1 Prise Salz

Für das Marzipan
250 g Marzipanrohmasse
oder Persipan
1 TL Rum oder 3 Tropfen
Rumaroma
50 g Puderzucker plus
etwas zum Verarbeiten

Für die Glasur
400 g Zartbitterkuvertüre
40 g Kokosfett

Eine rechteckige Springform (24 cm x 24 cm) mit Frischhaltefolie auslegen. Für das Gelee die Gelatine in kaltem Wasser einweichen. Die Konfitüre in einem Topf mit 5 EL Wasser bei mittlerer Temperatur erhitzen und gegebenenfalls pürieren. Den Topf vom Herd nehmen. Die tropfnasse Gelatine zugeben und unter ständigem Rühren auflösen. Die Masse in die Form füllen und am besten über Nacht in den Kühlschrank stellen, bis sie fest ist.

Für den Teig den Backofen auf 170 °C Umluft vorheizen. Die Pottasche mit 2 EL kaltem Wasser glatt rühren. Die restlichen Zutaten in der Küchenmaschine verkneten, zum Schluss die Pottasche zugeben. Das Gelee aus der Form heben und die Form mit Backpapier auslegen. Den Teig in die Form füllen und 15–20 Min. backen. Auskühlen lassen.

Marzipanrohmasse mit Rum und Puderzucker gut verkneten und 24 cm x 24 cm groß ausrollen. Die Geleeschicht auf den Lebkuchenboden setzen, darüber die Marzipanplatte legen. Die Springform öffnen und das Gebäck in 3 cm x 3 cm große Würfel schneiden.

Für die Glasur Zartbitterkuvertüre mit Kokosfett über dem heißen Wasserbad schmelzen und gut verrühren. Backpapier unter einen Gitterrost legen. Den Topf vom Wasserbad nehmen, die Dominosteine in die Kuvertüre tauchen, abtropfen und auf dem Gitterrost trocknen lassen.

Tipp
Alternativ eignen sich für das Gelee auch Sauerkirschkonfitüre oder Orangenmarmelade. Die untere Schicht können Sie auch aus dem Teig für die Pfeffernüsse (siehe S. 14) zubereiten.

Buttermilch-Plinsen mit Apfelkompott

Diese köstlichen Eierkuchen mit dem würzigen Apfelkompott sind eine Augenweide und perfekt für einen weihnachtlichen Brunch. Ob gestapelt oder gerollt, kalt oder warm serviert – Plinsen schmecken immer.

Die Zutaten für die Plinsen zu einem glatten Teig verrühren. Den Teig 30 Min. quellen lassen.

In der Zwischenzeit für das Apfelkompott die Äpfel schälen, vierteln, vom Kerngehäuse befreien und in mundgerechte Stücke schneiden. Mit etwas Zitronensaft beträufeln. Die Butter in einem Topf bei mittlerer Hitze schmelzen, aber nicht braun werden lassen. Die Apfelstücke zugeben, mit Zucker bestreuen und unter Rühren leicht rösten. Wasser angießen, gut umrühren und kurz aufkochen lassen, damit der Zucker karamellisiert. Zimtstange, Sternanis und Vanillezucker zugeben. Die Äpfel 8–12 Min. weich kochen, aber nicht zu breiig werden lassen. Zimtstange und Sternanis entfernen und das Kompott abkühlen lassen.

Rapsöl in einer beschichteten Pfanne bei mittlerer Temperatur erhitzen. Den Plinsenteig mit einer kleinen Kelle portionsweise ins heiße Öl geben, sodass ca. 8 cm große Taler entstehen. Von beiden Seiten goldbraun ausbacken. Die Buttermilch-Plinsen mit Zimtzucker bestreuen und mit Apfelkompott servieren.

Tipp
Sie können die Plinsen auch mit Ahornsirup, Marmelade, Schokocreme, Apfelstückchen oder herzhaft mit Käse, Schinken oder Salami genießen.

Für 25 Stück

Für die Plinsen
500 ml Buttermilch
3 Eier (Gr. M)
280 g Mehl (Type 405)
oder Vollkornmehl
2 TL Backpulver

Für das Apfelkompott
1 kg Äpfel (z. B. Boskoop)
etwas Zitronensaft
25 g Butter
100 g brauner Zucker
300 ml Wasser
1 Zimtstange
1 Stück Sternanis
1 Pck. Vanillezucker

Außerdem
5–8 EL Rapsöl
Zimtzucker zum
Bestreuen

Sächsische Ringtaler

Das goldgelbe Schmalzgebäck mit der süß-säuerlichen Apfelfüllung ist eine willkommene Abwechslung sowohl als Hauptmahlzeit mit Vanillesoße und Kompott als auch zum Dessert mit etwas Vanilleeis.

Für 15 Stück

3 Äpfel
1 EL Rum
20 ml Zitronensaft
1 TL Zimt
1 Pck. Vanillezucker
250 g Mehl (Type 405)
250 ml Bier
2 Eier (Gr. M)
1 Prise Salz
1 kg Frittierfett (Kokosfett)
6 EL Zimtzucker

Die Äpfel waschen, schälen und das Kerngehäuse mit einem Apfelausstecher entfernen. Jeden Apfel in ca. 5 jeweils 1 cm dicke Ringe schneiden. Die Apfelringe mit Rum und Zitronensaft beträufeln und mit Zimt und Vanillezucker bestreuen.

Das Mehl mit dem Bier verrühren, sodass keine Klümpchen mehr vorhanden sind. Die Eier trennen. Die Eigelbe unterrühren. Die Eiweiße mit dem Salz steif schlagen und unter den Bierteig heben.

Das Fett in einem hohen Topf oder in der Fritteuse (170 °C) erhitzen. Die Apfelringe in den Backteig tauchen und im heißen Frittierfett 3 Min. goldbraun ausbacken. Die Ringtaler herausnehmen, großzügig im Zimtzucker wenden und servieren.

Tipp

Der Teig sollte zähflüssig, aber nicht zu flüssig sein, damit er gut an den Apfelscheiben haftet. Nach Bedarf entweder noch etwas Mehl, Bier, Wasser oder Milch zugeben.

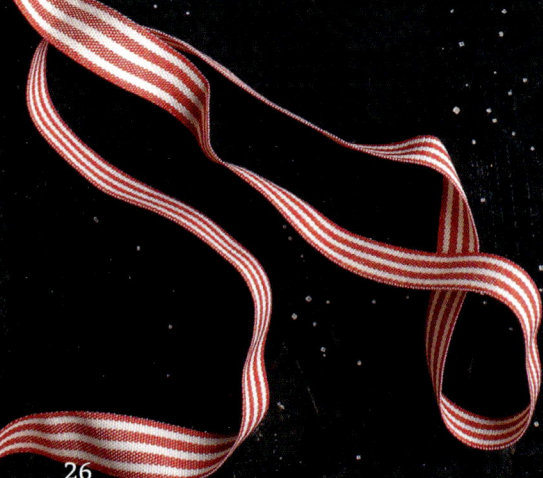

Christstollen

Ein absoluter Klassiker der Dresdner Weihnachtsküche! Die Bezeichnung Stollen geht auf das althochdeutsche Wort Stollo für „Pfosten" zurück. Der brotähnliche Kuchen soll an das gewickelte Christkind erinnern.

Rosinen und Korinthen mit Rum oder Wasser bedecken und 1 Std. ziehen lassen.

Hefe in der Milch auflösen. 1 TL Zucker unterrühren. Mehl sieben und mit dem restlichen Zucker, Vanillezucker und Gewürz mischen. Mittig eine Mulde formen, Hefemilch hineingießen und mit etwas Mehl bedecken. Abgedeckt 15 Min. ruhen lassen. Butter, Ei, Eigelb und Salz zugeben und alles zu einem glatten Teig verkneten. Abgedeckt mindestens 30 Min. gehen lassen.

Rosinen, Korinthen, Orangeat, Zitronat, Mandeln, Zitronenabrieb und Bittermandelaroma mischen und in den Teig einarbeiten. Den Teig abgedeckt 1–2 Std. an einem warmen Ort gehen lassen, bis sich das Volumen verdoppelt hat.

Den Teig auf einem mit Backpapier ausgelegten Backblech zu einem länglichen Laib formen und mit der Handkante die typische Wölbung eindrücken. 30 Min. gehen lassen. Den Backofen auf 190 °C vorheizen.

Den Stollen auf der 2. Schiene von unten 10 Min. backen, die Temperatur auf 170 °C reduzieren und den Stollen 40 Min. backen. Gegen Ende der Backzeit mit Alufolie abdecken, wenn die Oberfläche zu dunkel werden sollte. Den Stollen herausnehmen, noch warm mit Butter bepinseln und mit Zucker bestreuen. Vor dem Servieren mit Puderzucker bestäuben.

Tipp

Damit der Stollen nicht flach und breit wird, können Sie ihn beim Backen mit einer Kastenkuchenform an einer Seite stützen. Lassen Sie den Stollen luftdicht verpackt 10 Tage an einem kühlen Ort ziehen, bevor Sie ihn anschneiden. So können sich die Aromen entfalten.

Für 1 Stollen

150 g Rosinen
100 g Korinthen
50 ml Rum oder Wasser
40 g frische Hefe
180 ml lauwarme Milch
60 g Zucker
500 g Mehl (Type 450) plus etwas zum Verarbeiten
1 Pck. Vanillezucker
1 TL Stollengewürz (optional)
220 g weiche Butter
1 Ei (Gr. M)
1 Eigelb
1 Prise Salz
50 g Orangeat, fein gehackt
50 g Zitronat, fein gehackt
80 g Mandeln, gehackt
1 TL Bio-Zitronenabrieb
3 Tropfen Bittermandelaroma oder 30 g Bittermandeln, fein gehackt

Außerdem

100 g zerlassene Butter
30 g Zucker
60 g Puderzucker

Maronen-Vanille-Aufstrich

Früher waren Maronen neben Brot ein Grundnahrungsmittel der armen Bevölkerung. Heute sind die Esskastanien eine edle Nascherei für die kalte Jahreszeit. Zum Aufstrich verarbeitet machen sie sich perfekt auf der Weihnachtsbrunchtafel.

Für 6 Gläser

750 g gegarte Maronen
(vakuumverpackt)
500 g Zucker
1 Pck. Vanillezucker
70 ml Amaretto
Saft von 1 Zitrone
1 Prise Salz

Außerdem
6 Gläser (à 250 ml Inhalt)

Die Maronen in einen Topf geben und etwas Wasser angießen, sodass sie leicht bedeckt sind. Den Topfinhalt aufkochen, die Hitze reduzieren und die Maronen weich köcheln. Mit dem Stabmixer pürieren.

Zucker und Vanillezucker mit 400 ml Wasser unter Rühren aufkochen, bis sich Blasen bilden (Vorsicht, die Mischung wird sehr heiß). Die Zuckermischung ca. 5 Min. zu einem Sirup einköcheln. Den Topf vom Herd nehmen.

Das Maronenpüree in den Zuckersirup rühren. Den Topf erneut auf den Herd stellen und den Aufstrich unter ständigem Rühren aufkochen. Amaretto, Zitronensaft und Salz untermischen und den Aufstrich in sterile Gläser füllen.

Tipp
Der Aufstrich hält sich ungeöffnet 3–4 Monate. Nach dem Öffnen stets im Kühlschrank aufbewahren.

Ländlicher Apfelkuchen

Ein Apfelkuchen mit Zimt verfeinert passt perfekt in die Weihnachtszeit. Noch ofenwarm mit einem Klecks geschlagener Sahne serviert, passt er wunderbar zum Adventskaffee.

Den Backofen auf 180 °C vorheizen. Eine Springform (⌀ 24 cm) fetten und mit Mehl ausstäuben.

Die Butter mit Zucker, Vanillezucker, Zitronenabrieb und Salz in der Küchenmaschine ca. 5 Min. schaumig rühren. Nach und nach die Eier unterrühren. Mehl, Backpulver, Mandeln und Zimt in einer zweiten Schüssel vermischen. Abwechselnd die Mehlmischung und die Buttermilch unter die Butter-Zucker-Masse rühren, sodass ein geschmeidiger Teig entsteht. Den Teig in die Form füllen und glatt streichen.

Die Äpfel schälen, vierteln und vom Kerngehäuse befreien. Die Stücke auf der gewölbten Seite jeweils mehrmals längs einschneiden, mit Zitronensaft beträufeln, auf dem Teig verteilen und leicht eindrücken. Den Kuchen 50 Min. goldbraun backen, ggf. gegen Ende eine Garprobe machen. Die Oberfläche mit Alufolie abdecken, sollte sie zu dunkel werden.

Den Kuchen aus dem Ofen nehmen. Die Konfitüre in einem kleinen Topf mit 2 EL Wasser erhitzen und den noch warmen Apfelkuchen damit bepinseln. Auskühlen lassen und vor dem Servieren mit Hagelzucker bestreuen.

Für 12 Stücke

200 g Butter plus etwas
für die Form
250 g Mehl (Type 405) plus
etwas für die Form
180 g Zucker
1 Pck. Vanillezucker
Abrieb und Saft von
½ Bio-Zitrone
1 Prise Salz
4 Eier (Gr. M)
1 TL Backpulver
100 g gemahlene
blanchierte Mandeln
2 TL Zimt
200 ml Buttermilch
2–3 säuerliche Äpfel
(z. B. Boskop)
100 g Aprikosenkonfitüre
1–2 EL Hagelzucker
zum Bestreuen

Das Marzipan-Wunder

Für Katharina

Es ist noch nicht lange her, da erregte ein merkwürdiges Ereignis die Gemüter der Dresdner. Traditionell wurde am Samstag vor dem zweiten Advent der Dresdner Riesenstollen in einem feierlichen Umzug zum weihnachtlich leuchtenden Striezelmarkt gebracht. An die hunderttausend Menschen waren gekommen, um das über vier Tonnen schwere Vorzeigestück zu bestaunen, das ausgestreckt auf einem in Grün und Gold geschmückten Kutschwagen, von Fanfarenzügen und historischen Soldatenregimentern eskortiert, durch die Straßen der Altstadt gezogen wurde. Am Weihnachtsmarkt angekommen hob der Konditormeister das über anderthalb Meter lange Stollenmesser, schnitt ein schweres Stück ab und reichte es dem hübschen Stollenmädchen, um es gemeinsam mit ihr der jubelnden Menge zu präsentieren. Nun wollte natürlich jeder ein Stückchen von dem Stollen haben, und nur wenige konnten der Versuchung widerstehen, es gleich an Ort und Stelle bei einem Glühwein zu probieren. Kurz darauf wurden jedoch Stimmen laut, Rufe zwischen Verwirrung und Empörung, die sich bald von allen Seiten bemerkbar machten. Der Konditormeister stieg auf den Kutschbock, um zu schauen, was es damit auf sich hatte. Tatsächlich befand sich die Menge in heller Aufregung. Es wurde immer wieder das Wort „Marzipan" gerufen. Der Konditor schüttelte den Kopf. Marzipan? Das musste ein Missverständnis sein. Er rief zurück, dass der Dresdner Stollen ohne Marzipan zubereitet werde. Eben deshalb, wurde ihm geantwortet, könne man nicht begreifen, warum der diesjährige Riesenstollen mit Marzipan gemacht sei. Der Konditor runzelte die Stirn, wandte sich zu dem Stollen um, nahm eines der frisch geschnittenen Stücke in die Hand und inspizierte es. Tatsäch-

lich. Es war von einer satten Marzipan-Ader durchzogen. Aber warum das so war, darauf konnte er keine Antwort geben.

Doch dabei ließ man es nicht bewenden. Schnell formierte sich eine Gruppe von „Freunden des Dresdner Stollens", die vom Stollenschutzverband umgehend eine Erklärung einforderte. Der Verbandssprecher beteuerte, dass der Stollen wie jedes Jahr ganz nach dem traditionellen Rezept hergestellt worden sei. Jetzt schlugen Erstaunen und Empörung erst recht hohe Wellen und lösten die heftigsten Diskussionen im alten Elbflorenz aus. Die lokale Presse nahm diesen Happen gierig auf und überbot sich in Mutmaßungen über die Verantwortlichen. Einige hielten den Vorsitzenden des Stollenverbandes für den Schuldigen, weil er immer wieder für einen „kreativen" Umgang mit den Traditionen plädiert hatte. Andere wiederum verdächtigten eine Gruppe von Konditorlehrlingen, die einen Blog unter dem Namen „Die Bäcker-Rebellen" mit provokativen Neuinterpretationen lokaler Spezialitäten führten. Beide Theorien erhielten weitere Nahrung dadurch, dass die Dresdner Neuesten Nachrichten kurzerhand einen Stollentest von einem unabhängigen Konditor aus Lübeck durchführen ließen, der dem Marzipan eine hohe Qualität bescheinigte, was darauf zu verweisen schien, dass Fachleute am Werk gewesen waren. Die Sächsische Zeitung allerdings fand keine Erklärung überzeugend und sprach schlichtweg von einem „Marzipan-Wunder", eine Bezeichnung, die sich schließlich durchsetzte, auch wenn die Morgenpost dagegenhielt und das Ganze als einen „Marzipan-Skandal in der Weihnachtshauptstadt" verurteilte. Letztlich aber wurde die Ursache dessen, was die einen für eine „süße Eulenspiegelei" und die anderen für einen „Terroranschlag auf die Traditionen" hielten, nicht geklärt, sodass die Presse zu neuen Themen überging, als die Aufregung ihren Höhepunkt überschritten hatte.

Hätte sich jemand die Mühe gemacht, diesem Wunder auf den Grund zu gehen, dann wäre ihm zunächst aufgefallen, dass im November im Bezirk Neustadt vorübergehend keine Mandeln in den Feinkostmärkten mehr erhältlich waren. Und wenn man dann weiter recherchiert hätte, wäre man darauf gestoßen, dass in den dortigen Blumenläden zeitweise alle Damaszener-Rosen ausverkauft waren. Und da jeder weiß, dass Marzipan aus den drei Grundzutaten Mandeln, Rosenwasser und Puderzucker gemacht wird, wird es die Leserinnen und Leser nicht verwundern, dass zur gleichen Zeit auch eine ungewöhnliche Menge Puderzucker über die Ladentische ging, allerdings nur so punktuell, dass der Filialleiter eines der betroffenen Märkte dies für einen statistisch nicht relevanten Zufall hielt und dem Ganzen keine Bedeutung schenkte. Und hätte man all diese Fäden zusammengeführt, mit den Verkäuferinnen und Verkäufern gesprochen und die Überwachungskameras inspiziert, dann wäre man schließlich in der Görlitzer Straße 21 gelandet.

Dort befand sich ein, abgesehen von seinen roten Fensterläden, unscheinbares Haus. Darin lebte ein junger Mann – seinen Namen dürfen wir aus Rücksicht auf ihn nicht preisgeben –, der Marzipan seit seiner frühen Kindheit über alles liebte. Angefangen hatte es, als er mit fünf Jahren an der Hand seines Vaters den Striezelmarkt besuchte und zwischen den Auslagen eines Konditors eine Glasglocke entdeckte, in der ein ganzes Ferkel lag. Warum verkaufen Zuckerbäcker denn auf einmal auch Fleisch?, fragte er sich. Dann beobachtete er, wie jemand den Bäcker ansprach, der darauf zu einem großen Fleischermesser griff und die Glasglocke anhob. Der Gedanke, dass dem Ferkel nun ein Stück abgeschnitten wurde, jagte dem Jungen einen Schrecken ein. Aber dann sah er, wie das Messer ganz sanft und gleichmäßig eindrang und eine Scheibe abtrennte, die gar nicht nach Fleisch aussah. Der Junge zog an der Hand seines Vaters und zeigte mit der anderen auf das Ferkel. Der Vater erklärte ihm, dass es kein Tier sei, sondern etwas, das man Marzipan nannte und das so weich und formbar war, dass man alle nur erdenklichen Figuren daraus herstellen konnte. Da hatte der Junge zum ersten Mal diesen Namen gehört, so geheimnisvoll wie die süße Köstlichkeit selbst, ein Wort, das für sich stand und von nichts anderem abgeleitet zu sein schien. Marzipan. Der Vater ging mit ihm zum Stand und bestellte 100 Gramm vom Marzipan-Ferkel, und bald hielt der Junge eine in Wachspapier gehüllte Scheibe in der Hand und betrachtete deren helle Färbung, die sich nach unten verdunkelte, wo die Mandelmasse feucht und saftig zu sein schien. Vorsichtig biss er ein Stück vom Rand ab. Dann noch eines. Er spürte, wie sich das Marzipan unter seinem Gaumen wohlig ausbreitete und seine Geschmacksknospen umspielte. Bald hörte er nichts mehr, bald sah er nichts mehr, und die Welt um ihn war versunken, so sehr war er von den neuen Eindrücken gefangen.

Von jenem Augenblick an veränderten sich seine Vorlieben: Jetzt liebte er Croissants mit Mandelcreme, Nusstorten mit Marzipandecke, und von den Dominosteinen trennte er das oberste Segment ab, weil es, wie er fand, gar nicht zu dem viel zu süßen Fruchtgelee passen wollte. Er schnitt Bilder von Marzipan aus Zeitschriften aus und hielt stets Ausschau, wo sich die köstliche Masse noch verbergen mochte.

Als er älter war, besorgte er sich ein in schwarzes Leinen gebundenes Album, in dem er alles historisch ordnete: Bilder von Kunstwerken aus dem süßen Rohstoff, darunter Medaillons mit mythologischen Szenen oder Stillleben aus Blumen und Früchten sowie täuschend echte Nachbildungen von Kartoffeln, Äpfeln oder Birnen, die es bereits im Barock gegeben hatte und die als „Vexier-Früchte" bezeichnet worden waren, dazu deren jüngere, bürgerliche Pendants, Marzipan-Attrappen genannt, wie Weißwürste, Brezeln, allerlei Glücksbringer und Tannenzapfen mit verschiedenen Füllungen. Er notierte Zitate von großen Schriftstellern, die über die ebenso wohlschmeckende wie geheimnisvolle Köstlichkeit nachgesonnen hatten und ihren Ursprung wegen des Rosenwassers im Orient vermuteten. Irgendwann ließ er auf den Deckel des Albums in goldenen Lettern die ebenso feierlichen wie ironischen Worte „Marzipan-Studien" eingravieren.

Immer wieder betrachtete er diese Bilder und versank dabei in Träumereien. Er stellte sich vor, wie sich der Mandelbaum über Jahrhunderte hinweg langsam aus dem Orient nach Europa ausbreitete, über die griechischen Inseln kam, wo man ihn so sehr liebte, dass man einen Mädchennamen aus ihm machte, Amygdalia. Von dort aus erreichte

der Baum über Apulien und die Balearen schließlich Andalusien, als sei dies seine eigentliche Bestimmung gewesen. Dort, in den Gärten Granadas, wo Mauren, Christen und Juden lange Zeit gemeinsam lebten, erstrahlt er seitdem im Frühling in seinen weißen, mit einem rosafarbenen Schimmer überzogenen Blüten. Dann wachsen und reifen die Samen den nicht enden wollenden warmen Sommer lang, bis ihre Haut im August vertrocknet und schließlich aufplatzt. Jetzt ist der Moment gekommen, um die Netze unter die Bäume zu spannen, am Stamm zu rütteln und die zahllosen Früchte wie einen Schwarm fliegender Fische einzufangen. Seitdem kamen die Mandeln aus jenem heißen Süden. Sie hatten im Norden zuerst die alten Handelsstädte Hamburg, Lübeck und Königsberg erobert, von wo aus sich das Marzipan schließlich über ganz Deutschland verbreitete.

Die Lieblingsgeschichte des Jungen aber stammte aus einem Schulbuch. Die Lehrerin hatte ihnen vom Schlaraffenland vorgelesen, einem Paradies, das hinter Bergen aus Marzipan lag, durch die man sich durchbeißen musste, bevor man auf den mit Goldstaub bedeckten Wegen des Traumlandes lustwandeln konnte, wo einem die gebratenen Tauben in den Mund flogen. Dazu sollte jeder ein Bild malen. Während die anderen sich das Schlaraffenland in bunten Farben vorstellten und Spielzeugwiesen dazu erfanden, wollte er weder Spielzeug noch Tauben noch Gold, sondern malte einen Jungen, der sich eine Marzipanhöhle in den Bergen freigegessen hatte. Keiner außer ihm hatte die Berge beachtet, und seitdem hatte er den tiefen Wunsch, seine Liebe mit den anderen zu teilen. Daher lernte er, selbst Marzipan herzustellen, um seine Freunde damit zu beglücken, auch wenn niemand dieselbe Leidenschaft wie er dafür zu entwickeln schien. Das wollte ihm nicht in den Kopf, denn er konnte sich des Gefühls nicht erwehren, dass in dem Marzipan eine Botschaft steckte, die noch nicht wirklich angekommen war.

Einige Jahre später hatte er endlich die zündende Idee, wie er die Aufmerksamkeit auf die köstliche Süßigkeit lenken konnte. Der An-

schnitt des Dresdner Riesenstollens hatte sich zu einem der Hauptereignisse der
Weihnachtszeit entwickelt. In einem Glaspavillon der Messe Dresden bauten ein
Dutzend Konditoren das Monstrum aus zweihundert Stollenplatten zusammen,
die mit flüssiger Butter und Zucker verklebt wurden. In der Nacht zum Samstag
vor dem zweiten Advent fuhr der junge Mann zur Messe, die nachts verlassen
dalag, und drang mit einem Passepartoutschlüssel in den Pavillon ein. Mithil-
fe eines an der Vorderkante scharfen Rohres fräste er zwei Finger breite
Tunnel in den Stollen. Das war einfach, viel schwieriger aber war es, in
diese Tunnel nun sein exquisites selbst gemachtes Marzipan einzufüllen.
Aber auch dafür hatte er eine Lösung gefunden. Er hatte drei Meter lange Marzi-
panschlangen vorbereitet und mit einer dünnen Folie überzogen. Die Schlangen
schob er nun in ein weiteres Rohr, das er anschließend in die Tunnel einführte.
Wenn er dann die Marzipanschlange an der einen Seite fixierte, konnte er das Rohr
einfach wieder herausziehen. Nun befand sich die Marzipanschlange im Stollen
und er brauchte nur noch vorsichtig die Folie herauszuziehen, schon war die Sache
beendet. Dennoch benötigte er viele Stunden, bis der Riesenstollen gleichmäßig
mit Marzipan durchzogen war. Die Öffnungen verschloss er sorgfältig mit Stollen-
stücken und Puderzucker, sodass niemand etwas davon bemerken konnte.

Den Aufruhr und die Diskussionen in der Presse über das „Marzipan-Wunder"
verfolgte er gespannt. Manchmal stimmte er zu, manchmal schüttelte er den Kopf.
Bei einem Artikel aber leuchteten seine Augen. Er schnitt ihn aus und klebte ihn
in sein Album für „Marzipan-Studien". Folgende Zeilen darin hatte er unterstri-
chen: „Schon die hohe Qualität der Zutaten sowie die Sorgfalt bei der Ausführung
zeigen, dass der verantwortliche süße Geist kein Scherzkeks war. Die kräftigen
Marzipanadern, die er in den Laib des Riesenstollens eingezogen hat, darf man
auch als Friedensbotschaft verstehen: Denn sie lassen das Konfekt des Orients im
Herzen des christlichen Stollens schlagen. Und ist das nicht letztlich auch der Sinn von Weihnachten?"

Ralf Junkerjürgen

Sauerbraten nach Sachsen-Art

Das Geheimnis jedes Sauerbratens ist die Marinade. Der darin enthaltene Essig gibt dem Fleisch nicht nur den typischen Geschmack, sondern macht es zudem zart. Durch die Zugabe von Soßenkuchen wird dieser Sauerbraten zum echten sächsischen Sauerbraten.

Für 4 Portionen

Für die Marinade

¼ Sellerieknolle
2 Möhren
1 Stange Lauch
2 Zwiebeln
3 Gewürznelken
2 Lorbeerblätter
10 Pfefferkörner
4 Wacholderbeeren
4 Pimentkörner
1 Stück Sternanis
1 TL Zucker
300 ml Rotweinessig
500 ml Rotwein
500 ml Wasser

Für den Braten

1,5 kg Rindfleisch aus der Nuss
Salz
frisch gemahlener schwarzer Pfeffer
2 EL Butterschmalz
2 EL Tomatenmark
100 g Soßenkuchen oder Lebkuchen
500 ml Rinderfond
1 gekochte Kartoffel

Für die Marinade Sellerie und Möhren schälen, Lauch putzen und alles in kleine Stücke schneiden. Die Zwiebeln schälen und würfeln. Die Gewürze in ein Würzsäckchen oder einen Teefilter füllen und mit dem Gemüse und dem Zucker in einen Topf geben. Essig, Wein und Wasser angießen und aufkochen.

Das Fleisch abspülen, trocken tupfen und in eine Schüssel legen. Die heiße Marinade angießen. Abgedeckt im Kühlschrank 7 Tage ziehen lassen, dabei das Fleisch von Zeit zu Zeit in der Marinade wenden.

Am Tag der Zubereitung den Backofen auf 180 °C vorheizen. Das Fleisch aus der Marinade nehmen, trocken tupfen, mit Salz und Pfeffer rundherum würzen und in einem Bräter in heißem Butterschmalz von allen Seiten scharf anbraten.

Tomatenmark zugeben und anrösten. Die Marinade mit dem Gemüse und den Gewürzen zufügen. Den Soßenkuchen zerbröseln und zugeben. Rinderfond angießen. Das Fleisch sollte zu 3 Vierteln von der Flüssigkeit bedeckt sein, eventuell noch etwas Rotwein zugeben. Den Deckel auflegen und den Braten 2 Std. im Backofen garen, dabei 1–2 Mal wenden und gegebenenfalls etwas Rotwein oder Wasser nachfüllen.

Braten und Gewürzsäckchen aus dem Bräter nehmen, den Braten warmhalten. Die Kartoffel reiben und in den Sud geben, die Soße pürieren und mit Salz und Pfeffer würzen. Den Braten in Scheiben schneiden und mit der Soße servieren. Dazu passen Kartoffeln, Knödel oder Spätzle sowie Rotkohl.

Tipp

Den Rotwein können Sie durch 250 ml Traubensaft und 250 ml Rinderfond ersetzen.

Das Brötchen entrinden, in grobe Stücke schneiden und in der Milch einweichen. Schalotten und Knoblauch schälen und fein hacken. 4 Eier in 9 Min. hart kochen. Den Backofen auf 180 °C vorheizen.

Die Brötchenstücke gut ausdrücken und in einer Schüssel mit Hackfleisch, Schalotten, Knoblauch, den restlichen 2 Eiern, Senf, Paprika, Salz und Pfeffer vermischen.

Die Form fetten und mit Grieß ausstäuben. Die Hälfte der Hackfleischmasse in die Form füllen und gut andrücken. In der Mitte längs eine Mulde formen. Die gekochten Eier pellen und dicht aneinander in die Mulde legen. Das restliche Hackfleisch darübergeben und gut andrücken. Zum Schluss die Speckscheiben auf dem Hackbraten verteilen. 1 Std. backen. Den Speck ggf. mit Zahnstochern fixieren, wenn er sich beim Backen nach oben wölbt.

Tipp
Zum Falschen Hasen passen Möhren aus dem Backofen. Dazu die Möhren schälen, auf einem Backblech mit Öl einpinseln, mit Salz und einer Prise Zucker würzen und 15–20 Min. bei 180 °C backen.

2 Schalotten
1 Knoblauchzehe
6 Eier
750 g gemischtes Hackfleisch
1 EL Senf
1 TL Paprikapulver
Salz
frisch gemahlener schwarzer Pfeffer
15 Scheiben durchwachsener Speck

Außerdem
ofenfeste Form (20 cm x 30 cm)
Öl und Weizengrieß für die Form

Winterliche Maronensuppe mit Preiselbeeren

Die cremige Suppe passt perfekt als Vorspeise zum Weihnachtsdinner und ist ein Gaumen- und Seelenschmeichler gleichermaßen.

Für 4 Portionen

1 Schalotte
1 EL Puderzucker
200 ml Weißwein
600 ml Geflügelbrühe
600 g gegarte Maronen
(vakuumverpackt)
200 ml Sahne
2 EL kalte Butter
Salz
Cayennepfeffer

Außerdem
4 Stängel Schnittlauch
4 TL geschlagene Sahne
4 TL Preiselbeeren (Glas)

Die Schalotte schälen und in Würfel schneiden. Den Puderzucker in einen Topf sieben und bei mittlerer Hitze mit den Schalottenwürfeln hellbraun karamellisieren. Mit Weißwein ablöschen und die Brühe angießen. 500 g Maronen zufügen. Die Suppe 20 Min. köcheln lassen.

Die restlichen Maronen fein würfeln. Die Suppe mit dem Stabmixer pürieren und die Sahne unterrühren. Butter zugeben, die Suppe mit dem Stabmixer aufschlagen und mit Salz und Cayennepfeffer würzen.

Den Schnittlauch abbrausen, trocken tupfen und in Röllchen schneiden. Die Maronensuppe auf 4 Teller verteilen, je 1 TL Preiselbeeren und geschlagene Sahne in die Mitte geben, mit Maronenwürfeln und Schnittlauchröllchen bestreuen und servieren.

Tipp
Probieren Sie die Suppe auch mit in Würfel geschnittener Räucherforelle und einem Klecks Sahnemeerrettich.

Kaninchenroulade mit Aprikosenfüllung und Rosenkohl

Besonders an kalten Wintertagen sind die Kaninchenrouladen eine schöne Abwechslung zur klassischen Rinderroulade. Die süßliche Aprikosenfüllung passt sehr gut zum hellen Fleisch.

Für die Rouladen die Aprikosen klein schneiden und in dem Weißwein kurz aufkochen. Die Schalotte schälen und grob würfeln. Toastbrot entrinden und klein schneiden. Thymian abbrausen, trocken tupfen und die Blättchen abzupfen. Aprikosen mit Weißwein, Schalotte, Toastbrot, Salz und Pfeffer im Mixer pürieren. Thymianblättchen untermischen. Zum Schluss das Ei unterrühren.

Das ausgelöste Kaninchenfleisch abspülen und trocken tupfen. Mit der Aprikosenmasse bestreichen, rollen und mit Küchengarn zusammenbinden, sodass die Füllung gut verschlossen ist. Die Rouladen in einer Pfanne mit heißem Butterschmalz kurz von beiden Seiten scharf anbraten. Sahne angießen und die Kaninchenrouladen mit geschlossenem Deckel bei mittlerer Hitze 20 Min. schmoren, von Zeit zu Zeit wenden.

In der Zwischenzeit den Rosenkohl putzen, am Strunk jeweils kreuzweise einritzen und in reichlich kochendem Salzwasser 10–12 Min. garen. Abgießen und kurz abtropfen lassen. Butter in einer Pfanne schaumig zerlassen und mit grobem Salz würzen. Den Rosenkohl zugeben und kurz in der Butter schwenken.

Die Kaninchenrouladen aus der Soße nehmen und in Alufolie wickeln. Die Sahnesoße sollte sämig sein. Ist sie noch zu flüssig, etwas kalte Butter einrühren, bis sie die gewünschte Konsistenz hat. Die Rouladen aus der Folie nehmen, halbieren und mit dem Rosenkohl anrichten.

Tipp
Zu den Rouladen passt Sellerie-Kartoffel-Stampf.

Für 4 Portionen

Für die Rouladen
6–7 getrocknete Aprikosen
50 ml Weißwein
1 Schalotte
1 Scheibe Toastbrot
3 Zweige Thymian
Salz
frisch gemahlener
schwarzer Pfeffer
1 Ei
4–6 ausgelöste
Kaninchenschenkel oder
Bauchlappen
1 EL Butterschmalz
300 ml Sahne
1–2 EL kalte Butter

Für den Rosenkohl
1 kg Rosenkohl
1 EL Butter
¼ TL grobes Salz

Sächsisches Feuerfleisch

Dieses Gericht ist ein Klassiker der sächsischen Küche. Es lässt sich gut vorbereiten und ist nach einem Winterspaziergang eine wärmende Mahlzeit für Leib und Seele.

Für 6 Portionen

1 kg Schweinefleisch (z. B. Lende oder Schnitzel)

2 große Gemüsezwiebeln

2 rote Paprikaschoten

2 Chilischoten

1 Glas Gewürzgurken (Abtropfgewicht 360 g)

1 EL Rapsöl

150 g Speckwürfel

3 EL Tomatenmark

1 l Wasser oder Gemüsebrühe

2 EL Senf

Salz

frisch gemahlener schwarzer Pfeffer

1 TL Paprika (edelsüß)

1 EL Zucker

Tabasco (optional)

3 Scheiben Graubrot

2 EL Butter

1–2 EL frisch gehackte glatte Petersilie

Das Fleisch abspülen, trocken tupfen und in mundgerechte Würfel schneiden. Die Zwiebeln schälen und fein würfeln. Die Paprika- und Chilischoten von Samen und Scheidewänden befreien. Die Paprika würfeln, die Chilischoten fein hacken. Die Gewürzgurken abtropfen lassen und würfeln, das Gurkenwasser auffangen und 150 ml beiseitestellen.

Rapsöl in einem großen Topf oder einer Schmorpfanne erhitzen und das Fleisch und die Speckwürfel darin scharf anbraten. Tomatenmark zugeben und rösten. Zwiebeln, Paprika und Chili zufügen. Mit Wasser oder Gemüsebrühe aufgießen, Senf und Gurkenwasser zufügen. Gut umrühren und zum Schluss die Gurkenwürfel untermengen. Mit Salz, Pfeffer, Paprika und Zucker würzen und bei mittlerer Hitze 45 Min. köcheln. Nach Wunsch mit Tabasco abschmecken.

Graubrot in dicke Streifen schneiden und in einer Pfanne mit Butter rösten. Das Feuerfleisch mit Petersilie bestreuen und mit dem Graubrot servieren.

Tipp
Dazu passt ein grüner Salat mit Buttermilchdressing.

Eier in Senfsoße

Das Rezept für Senfeier findet man schon in Kochbüchern aus dem 19. Jahrhundert. Der Klassiker aus früheren Zeiten erfreut sich aber auch heute noch großer Beliebtheit.

Die Eier in einem Topf in 9 Min. hart kochen, kalt abschrecken, pellen und halbieren. Die Petersilie abbrausen, trocken tupfen, die Blättchen abzupfen und fein schneiden. Die Gewürzgurken fein würfeln.

Die Milch in einem Topf erhitzen. Butter in einem zweiten Topf zerlassen, das Mehl mit dem Schneebesen einrühren. Die Milch langsam angießen, dabei immer weiter rühren, bis die Soße cremig wird. Senf und Gurkenwasser zugeben und die Soße mit Salz und Pfeffer würzen.

Die Eierhälften nach Wunsch in die Soße geben oder auf einem Teller auf einem Soßenspiegel anrichten. Mit Petersilie bestreuen und mit den Gurkenwürfeln servieren.

Tipp
Dazu passen Kartoffelstampf oder Salzkartoffeln.

Für 4 Portionen

8 Eier
½ Bund glatte Petersilie
4 Gewürzgurken
500 ml Milch
3 EL Butter
3 EL Mehl
4 TL mittelscharfer Senf
3 EL Gewürzgurkenwasser
oder Weißweinessig
Salz
frisch gemahlener
schwarzer Pfeffer

Sächsischer Kartoffelsalat

Hier werden Kindheitserinnerungen wach, denn so hat es auch bei Oma geschmeckt. In vielen Teilen Deutschlands kommt traditionell zu Heiligabend Kartoffelsalat auf den Tisch. Ein unkompliziertes Festessen.

Für 6 Portionen

1,5 kg Kartoffeln
(festkochend)
1 Zwiebel
1 Apfel (z. B. Boskop)
Saft von ½ Zitrone
1 Glas Gewürzgurken
(Abtropfgewicht 360 g)
100 g Mayonnaise
100 g Schmand
1 TL Salz
½ TL frisch gemahlener
schwarzer Pfeffer

Für den Fleischsalat

5 Scheiben Fleischwurst
(Lyoner)
3 EL Rapsöl
3 EL Apfelessig
2 EL Senf
4 EL Mayonnaise

Die Kartoffeln am besten schon am Vortag mit Schale 20 Min. kochen. Abgießen und ausdampfen lassen.

Die Zwiebel schälen und fein würfeln. Den Apfel schälen, vom Kerngehäuse befreien, in kleine Würfel schneiden und die Würfel mit Zitronensaft vermengen. Die Gewürzgurken abtropfen lassen, das Gurkenwasser auffangen und beiseitestellen. 6 Gurken in Fächer schneiden, die restlichen Gurken klein würfeln. Das Gurkenwasser mit Mayonnaise, Schmand, Salz und Pfeffer vermengen. Apfel-, Gurken- und Zwiebelwürfel untermengen.

Die Kartoffeln pellen, in Scheiben schneiden und mit dem Dressing vermengen. Den Salat 1 Std. ziehen lassen.

Für den Fleischsalat die Fleischwurstscheiben in feine Streifen schneiden. Öl, Apfelessig, Senf und Mayonnaise vermischen und mit den Wurststreifen vermengen. Mit Salz und Pfeffer würzen. Den Fleischsalat zum Schluss unter den Kartoffelsalat heben.

Tipp

Dazu passen hart gekochte Eier. Anstelle des Wurstsalats können Sie auch Bock- oder Brühwürstchen zum Kartoffelsalat reichen.

Gefüllter Karpfen aus dem Ofen

Früher beging man den Vorabend des Weihnachtstages mit einem bescheidenen Fischgericht. Heute ist der lecker gefüllte Weihnachtskarpfen in vielen Familien der delikate Höhepunkt des Weihnachtsmenüs.

Den Karpfen innen und außen abspülen und trocken tupfen. Rundherum mit Salz und Pfeffer würzen. Den Fenchel putzen und in Scheiben schneiden. Die Zitronen heiß abwaschen und trocken tupfen. 1 ½ Zitronen in Scheiben schneiden, eine halbe Zitrone vierteln. Dill und Kerbel abbrausen und trocken tupfen. Den Backofen auf 200 °C vorheizen.

Die Kartoffeln pellen und in 1 cm dicke Scheiben schneiden. Eine Fettpfanne des Backofens fetten und die Kartoffelscheiben darauf verteilen. Den Karpfen darauflegen und mit einigen Fenchel- und Zitronenscheiben sowie Kräuterstängeln füllen. Die Oberseite des Fischs fünfmal tief einschneiden, aber nicht bis zur anderen Seite durchschneiden. In die Einschnitte die restlichen halben Zitronenscheiben sowie Dill- und Kerbelstängel geben. Den Karpfen 60 Min. backen. 15 Min. vor Ende der Garzeit die restlichen Fenchelscheiben auf das Backblech geben.

Den fertigen Karpfen herausnehmen und mit dem Fenchel, den Kartoffeln und den Zitronenspalten servieren.

Tipp

Fragen Sie Ihren Fischhändler, wie lange der Karpfen gewässert wurde. Denn je länger der Fisch im Wasser lag, desto besser schmeckt er.

Für 4–6 Portionen

1,7–2 kg Karpfen
(küchenfertig)
Salz
frisch gemahlener
schwarzer Pfeffer
2 Fenchelknollen
2 Bio-Zitronen
1 Bund Dill
1 Bund Kerbel
1,5 kg Pellkartoffeln
vom Vortag
Öl für die Fettpfanne
1–2 EL Rapsöl

Buttermilchgetzen mit Pflaumenkompott

Ob Getzen, grüne Klöße oder Klitscher – dieses herzhafte Kartoffelgericht stammt aus einer Zeit, als Fleisch-mahlzeiten nur selten auf den Tisch kamen.

Für 4 Portionen

Für das Kompott

1 Glas eingelegte Pflaumen
(Abtropfgewicht 395 g)
1 EL Speisestärke
100 g Zucker
1 Zimtstange
1 Stück Sternanis
1 Pck. Vanillezucker

Für den Getzen

1 kg Kartoffeln (mehlig-
kochend)
150 g Schinkenspeck
250 ml Buttermilch
Salz
frisch gemahlener
schwarzer Pfeffer
frisch geriebene
Muskatnuss
1–2 EL Leinöl

Außerdem

gusseiserne Getzenpfanne
oder Auflaufform
(20 cm x 30 cm)

Für das Pflaumenkompott die Pflaumen mit Saft in einen Topf geben. 3 EL Saft abnehmen und die Speisestärke damit glatt rühren. Zucker, Zimtstange, Sternanis und Vanillezucker in den Topf geben und den Topfinhalt aufkochen, bis die Pflaumen fast zu Brei verkocht sind; das dauert 10–15 Min. Die Speisestärke einrühren und das Kompott kurz eindicken lassen. Zimtstange und Sternanis entfernen und das Kompott auskühlen lassen.

Für den Getzen die Kartoffeln schälen und fein reiben, in ein Sieb geben und abtropfen lassen, dabei das Kartoffelwasser auffangen, die Kartoffel-stärke abschöpfen und beiseitestellen. In der Zwischenzeit den Speck würfeln und in einer Pfanne ohne Fett knusprig braten. Die geriebenen Kartoffeln mit Kartoffelstärke und Buttermilch mischen und die Mas-se mit Salz, Pfeffer und Muskatnuss würzen. Den Backofen auf 190 °C vorheizen.

Den gebratenen Speck und das Leinöl in die Getzenpfanne geben. Die Kartoffelmasse einfüllen. Den Getzen 30-40 Min. backen, bis die Oberseite knusprig goldgelb ist. Herausnehmen und mit dem Pflaumen-kompott servieren.

Tipp

Sie können der Getzenmasse zusätzlich geschmorte Zwiebeln oder Kümmel zufügen oder Beerenkompott dazu reichen.

Deftige Kartoffelsuppe

Dieser Eintopf ist ein echtes Soulfood in der kalten Winterzeit. Die Kartoffelsuppe schmeckt am nächsten Tag, wenn sie gut durchgezogen ist, noch besser.

Kartoffeln und das Gemüse schälen und in kleine Würfel schneiden. Butter in einem hohen Topf bei mittlerer Hitze schmelzen, das Mehl darin anschwitzen und unter ständigem Rühren nach und nach die heiße Gemüsebrühe angießen. Kartoffeln, Gemüse und Lorbeerblatt zugeben und die Suppe 20 Min. köcheln lassen.

Die Würste in Stücke schneiden und 5 Min. vor dem Ende der Garzeit in der Suppe erwärmen. Die Kartoffelsuppe mit Salz, Pfeffer und Muskatnuss würzen. Mit Petersilie bestreuen und servieren.

Tipp
Zur Suppe passen auch gebratener Speck oder Mettwurst. Sie können den Eintopf auch mit Kräutern wie Majoran, Liebstöckel oder Schnittlauch verfeinern. Wenn Sie den Eintopf weniger sämig mögen, verwenden Sie anstelle der mehligkochenden Kartoffeln vorwiegend festkochende Kartoffeln.

Für 4 Portionen

500 g Kartoffeln (mehlig-
kochend)
2 Möhren
1 kleiner Kohlrabi
¼ Sellerieknolle
1 Pastinake
30 g Butter
30 g Mehl
1,5 l Gemüsebrühe
1 Lorbeerblatt
4 Bockwürste
Salz
frisch gemahlener
schwarzer Pfeffer
frisch geriebene
Muskatnuss
2 EL frisch gehackte
Petersilie

DANKE

... für die regionale und
kulinarische Unterstützung:
Andrea Gottfreund
Roland Gottfreund von *HTI – Volkskunst
in Döbeln am Rathaus*
Angela Wiglinghoff-Kleinediekmann
von *dresdner-pappen.de*

... für die schöne
Weihnachtsgeschichte:
Prof. Dr. Ralf Junkerjürgen

... für die kooperative Zusammenarbeit
Schlösserland Sachsen

... an das beste Team:
Hölker Verlag

Lisa Nieschlag

... ist Designerin, Kochbuch-
Autorin und Food-Fotografin.

Mit ihren fotografischen Inszenierungen
macht sie zahlreichen Lesern Appetit
auf mehr. Erst recht, wenn sie dann als
Stylistin alles noch so geschmackvoll in
Szene setzt. Die Küche ist Lisas kreativer
und kulinarischer Kosmos.

Lisa betreibt den beliebten Food-Blog
„Liz & Friends".

www.lizandfriends.de

Lars Wentrup

... ist ein Allrounder: Designer,
Illustrator, Feinschmecker und Testesser.
Und er liebt Bücher.

Angespornt durch das kreative Foodstyling
und die eindrucksvollen Bildwelten schafft Lars
die perfekte Plattform und bringt den – in jeder
Hinsicht – guten Geschmack zu Papier.

Seit 2001 führt Lars gemeinsam mit Lisa
eine Agentur für Kommunikationsdesign
in Münster.

Impressum

MIX
Papier aus verantwortungsvollen Quellen
FSC® C108521

5 4 3 2 1   25 24 23 22 21
ISBN 978-3-88117-259-2
© 2021 Hölker Verlag
in der Coppenrath Verlag GmbH & Co. KG
Hafenweg 30, 48155 Münster, Germany
Alle Rechte vorbehalten, auch auszugsweise
www.hoelker-verlag.de

Autoren:
Lisa Nieschlag und Lars Wentrup

Gestaltung und Satz:
Nieschlag + Wentrup
Agentur für Kommunikationsdesign
www.nieschlag-wentrup.de

Food-Fotografie:
Lisa Nieschlag, *www.lisanieschlag.de*

Rezepte & Food-Styling:
Andrea Gottfreund, *www.gottfreunds.de*

Dresden-Fotografie:
André Nebel (Seite 1, 42, 43, 50, 51)
ddpix.de (Seite 8, 16, 17, 32, 56, 65, 72, Titel)
ddpix.de mit freundlicher Genehmigung von
„Schlösserland Sachsen" (Seite 24 / Dresdner
Zwinger, Seite 64 / Schloss Pillnitz)

Geschichte:
Ralf Junkerjürgen (S. 36–41)

Redaktion:
Muriel Magon

Lektorat:
Dr. Christine Schlitt

Litho:
FSM Premedia GmbH & Co. KG, Münster

Printed in Germany

Wir drucken klimaneutral und unterstützen mit dem Druck dieses Buches ein wichtiges Klimaschutzprojekt.

PARTNER
Nossentiner / Schwinzer Heide
Naturpark
www.optimal-media.com/naturschutzprojekt-001